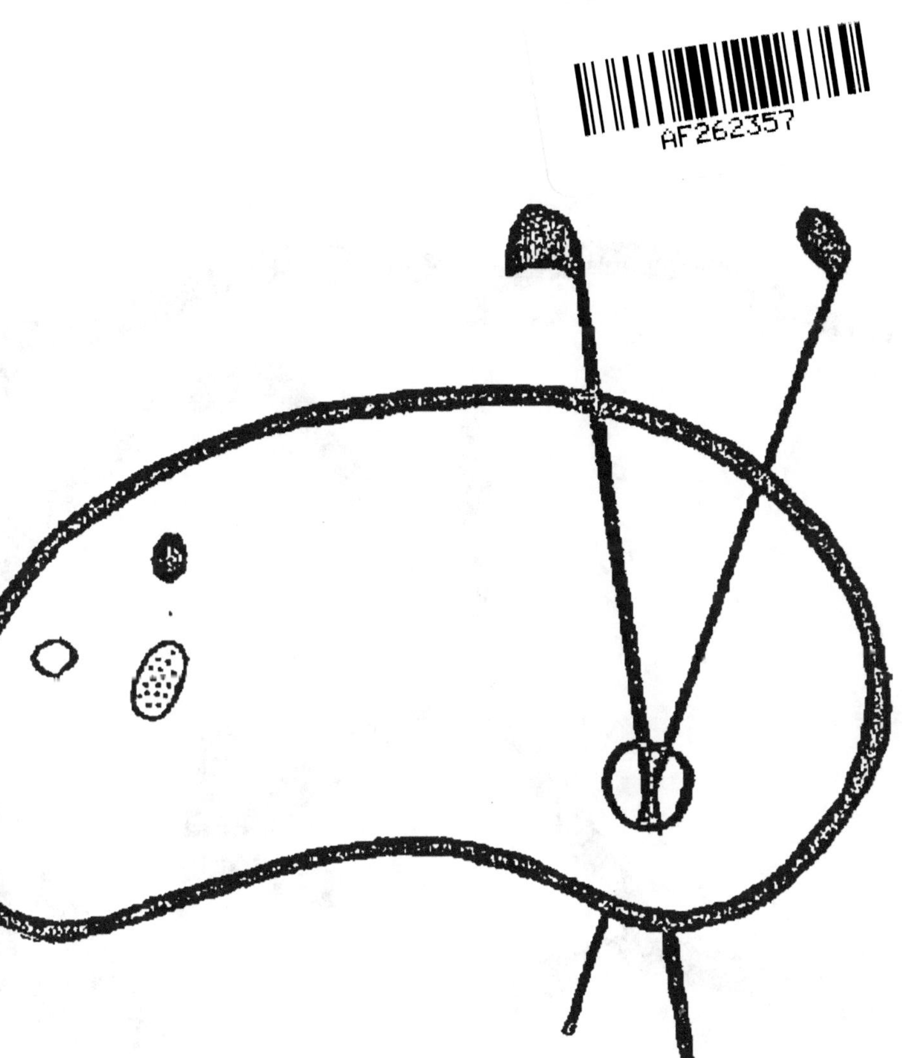

DEBUT D'UNE SERIE DE DOCUMENTS
EN COULEUR

Couverture inférieure manquante

ÉTUDES

DE

DÉMOGRAPHIE ALGÉRIENNE

———

LES POPULATIONS EUROPÉENNES

LEUR ACCROISSEMENT, LEUR DENSITÉ ET LEURS ORIGINES

PAR

G. MANDEVILLE & V. DEMONTÈS

EXTRAIT DE LA **Revue des Questions Diplomatiques et Coloniales**

PARIS

AUX BUREAUX DE LA REVUE

16, RUE CASSETTE, 16

—

1900

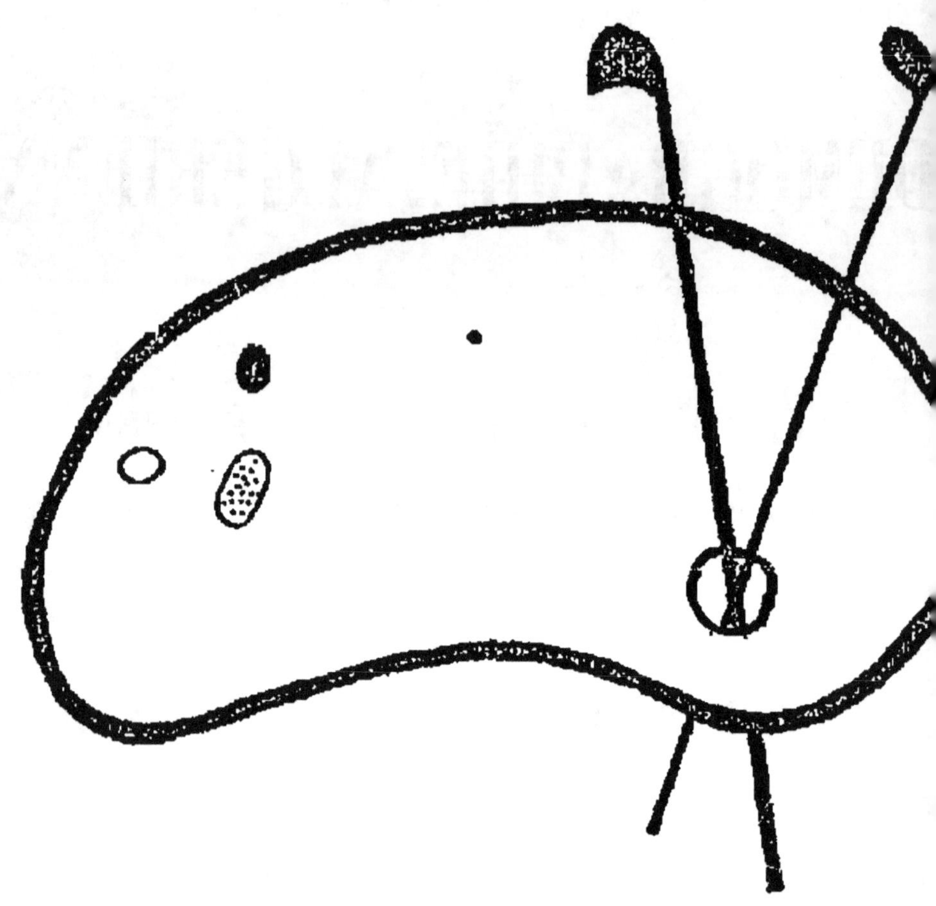

FIN D'UNE SERIE DE DOCUMENTS
EN COULEUR

ÉTUDES

DE

DÉMOGRAPHIE ALGÉRIENNE

———

ÉTUDES

DE

DÉMOGRAPHIE ALGÉRIENNE

LES POPULATIONS EUROPÉENNES

LEUR ACCROISSEMENT, LEUR DENSITÉ ET LEURS ORIGINES

PAR

G. MANDEVILLE & V. DEMONTÈS

EXTRAIT DE LA **Revue des Questions Diplomatiques et Coloniales**

PARIS

AUX BUREAUX DE LA REVUE

16, RUE CASSETTE, 16

1900

ÉTUDES DE DÉMOGRAPHIE ALGÉRIENNE

LES POPULATIONS EUROPÉENNES

LEUR ACCROISSEMENT, LEUR DENSITÉ ET LEURS ORIGINES

L'Algérie possède de très nombreuses statistiques, soit de dénombrement général, soit d'état civil; elle n'a eu qu'un petit nombre d'études démographiques. Fondée au moment même où l'heureuse habitude des recensements quinquennaux s'établissait en France, elle a eu ses dénombrements, pour ainsi dire, dès sa naissance, le premier en 1833, un second en 1836, puis successivement tous les cinq ans, comme la métropole. Quant aux registres de l'état civil, tenus très sérieusement en France depuis la Révolution, ils devaient être, en Algérie, l'objet des mêmes soins ; leur précision, leur exactitude ne saurait généralement être mise en doute, quand il s'agit des populations européennes. Si ce luxe de renseignements statistiques n'a provoqué que l'apparition de deux ouvrages d'ensemble, l'un de MM. Martin et Foley [1], qui remonte à 1851, l'autre de M. Ricoux [2], qui date de 1880, la raison en est dans le caractère très aride de ces recherches et dans la relativité des résultats auxquels on aboutit. Toute population coloniale est éminemment ondoyante et diverse; jeune et vigoureuse, elle se trouve emportée par un rapide mouvement de transformation ; quelques années apportent dans sa composition ethnique et dans sa situation économique, morale et politique plus de changements, et de plus profonds, qu'un siècle complet chez des nations vieilles et assises. Aussi à peine l'étude en paraît-elle terminée qu'on se convainc de la nécessité de la recommencer.

---

[1] *Histoire statistique de la colonisation algérienne.*
[2] *Démographie figurée de l'Algérie.*

L'Algérie semble aujourd'hui sortie des convulsions de l'enfance ; les phénomènes démographiques n'y ont plus cette intensité de variation maladive des premières années, cause de bien des erreurs, de bien des inductions hasardeuses ; ils se présentent avec des caractères mieux définis de régularité, de progression continue. Leur étude en devait être facilitée et les déductions seraient plus rigoureuses et plus stables.

De plus, au déclin du XIXe siècle, dont un des faits les plus importants est précisément l'établissement dans le nord de l'Afrique d'une colonie de 600.000 Européens, à l'aurore du XXe qui sans nul doute verra se poursuivre cette prise de possession de tout le Maghreb musulman par des populations chrétiennes, n'est-il pas opportun de mesurer le chemin parcouru, pour mieux juger de celui qui reste à franchir ? Le moment paraît d'ailleurs bien choisi, puisque, après quelques années de recueillement et d'arrêt, notre colonie transméditerranéenne semble, grâce à une énergique impulsion, vouloir reprendre sa marche en avant, puisqu'en fait elle deviendra le centre du rayonnement de l'influence française en Afrique, du jour où elle sera reliée par une série de postes, par une route de caravanes ou par une voie ferrée à nos possessions du Sahara et du Soudan ! Pour cette conquête pacifique du continent noir, pour cette mise en valeur de notre grand empire du Nord-Ouest africain, il faut des hommes acclimatés aux brûlures du soleil d'Afrique, habitués aux mœurs des nombreuses populations musulmanes. N'est-ce pas en Algérie que la métropole trouvera une partie de ces ressources ?

* *

Il y aurait quelque ridicule de notre part à prétendre, en quelques pages, présenter du peuple algérien un tableau absolument complet et fidèle. La complexité de tous les phénomènes sociaux est telle que contre cet écueil viennent se briser les meilleures volontés et les efforts les plus patients. De toute nécessité, on laisse échapper quelque élément du problème. En Algérie, comme dans toute colonie où vivent côte à côte plusieurs groupes appartenant à des populations différentes, la complexité est multipliée, les difficultés agrandies. Dans chaque ordre de recherches s'impose la nécessité de présenter une étude générale, puis une série d'études spéciales sur chaque peuple, français, espagnol, italien, maltais. Nous restreindrons volontairement notre enquête à ces quatre groupes de populations, à cause de leur grande supériorité numérique qui fait de leurs nationaux les véritables colons de l'Algérie.

Cette diversité ethnique modifie aussi, sinon le plan que l'on a l'habitude de suivre en ces études démographiques, du moins l'importance des questions que l'on y aborde. Sans doute, quand même le peuple algérien se composerait de nationalités plus diverses encore, force nous serait d'étudier cette population dans son état statique, dans ses progrès historiques, dans sa densité, dans ses origines ; force nous serait aussi de la considérer dans son état dynamique, dans ses mouvements, mariages, naissances, décès. Mais aurions-nous esquissé un tableau même imparfait de ce nouveau peuple algérien ? Ce qui retient surtout l'attention dans ce pays, c'est la pénétration des races : — fusion ethnique par les mariages croisés, — harmonie économique par la similitude des besoins et l'identité des intérêts, — assimilation morale et intellectuelle par la diffusion des idées et des sentiments du peuple dont la supériorité numérique est incontestée, — pénétration politique enfin par l'infiltration incessante de l'élément étranger dans les rangs des Français pour profiter de tous les droits de souveraineté dont seuls nos nationaux jouissaient à l'origine. Ainsi, par cette action et cette réaction réciproque de toutes les colonies les unes sur les autres, se forme au delà de la Méditerranée un peuple nouveau, où l'élément français domine par le sang, par les mœurs, par les sentiments, où il doit dominer de plus en plus et sans conteste par une émigration plus nombreuse venue de la métropole, par une plus ardente diffusion de nos idées et au besoin par une suspension des effets de la loi sur la naturalisation automatique de 1889.

Accroissement des populations européennes de l'Algérie, étudié d'après les dénombrements quinquennaux ; acclimatement de ces mêmes Européens, démontré par les statistiques de l'état civil ; pénétration de ces divers peuples, mesurée d'après des enquêtes partielles mais dignes de foi : tels sont les trois grands problèmes qui se posent et dominent toute la démographie algérienne. En les abordant séparément, nous ne faisons après tout que nous régler sur l'importance qu'ils ont prise avec le temps ; car, au début, la question la plus grave que souleva la conquête de l'Algérie fut celle du peuplement de cette colonie par l'élément européen et surtout français ; plus tard l'acclimatement de ces colons, venus de pays tempérés dans la chaude Afrique, préoccupa tous les esprits et suscita bien des inquiétudes ; aujourd'hui, la question irritante, passionnante, celle qui doit retenir l'attention de nos gouvernants et ne peut être résolue que par une politique à la fois ferme et souple, c'est la question de la fusion des races entre elles et la constitution d'un peuple nouveau : le peuple algérien. Dans la présente étude, il ne sera question que du peuplement de l'Algérie par les Européens, de leur accroissement, de leur densité, de leurs origines.

I

ACCROISSEMENT DES EUROPÉENS

A ne retenir que les chiffres des dénombrements quinquennaux, la population européenne se serait accrue d'une manière continue depuis 1830 jusqu'à nos jours. Pas de chutes, pas de reculs. Une progression constante. Toutefois, lorsqu'on consulte les statistiques annuelles que l'administration donna jusqu'en 1861, cette continuité dans l'accroissement s'interrompt deux ou trois fois. En 1847, cette population, qui était l'année précédente de 109.400, tombe à 103.863 : d'où une perte de 5.537 unités. En 1849, nouvelle diminution moins considérable de 2.494. Enfin, diminution plus faible encore en 1860 : perte à peine sensible de 371. Ces oscillations, qui auraient une réelle importance si elles avaient été le signal d'une régression ou même d'un arrêt prolongé dans le peuplement européen de l'Algérie, et qui s'expliquent fort naturellement par de meurtrières épidémies et des crises économiques intenses, perdent toute leur gravité quand on voit régulièrement, les années suivantes, se combler ces vides accidentels ; elles n'offrent plus dès lors qu'un intérêt historique. Mieux que toute autre raison, la persistance dans la progression marquée par les dénombrements quinquennaux prouve qu'il n'est pas nécessaire de s'arrêter à ces fluctuations.

Plus intéressante et plus suggestive est la marche de cet accroissement. Est-elle plus rapide ou plus lente, au fur et à mesure que l'on se rapproche de la période actuelle ? Est-elle plus ou moins régulière ?

Trois périodes s'y distinguent nettement : l'une de 1830 à 1851, époque de débuts difficiles, d'incertitudes, qui se termine par un merveilleux essor de la colonisation rurale et une augmentation inespérée de la population. Pendant les dix premières années, les progrès ne pouvaient être que très lents, puisque la colonie était à peine conquise ; elle ne reçoit alors annuellement que 2.000 à 2.500 colons. Mais dès 1840, grâce à la vigoureuse et intelligente politique du maréchal Bugeaud, les immigrants affluent ; à peine étaient-ils 28.000 à cette date ; cinq ans après, leur nombre dépasse 95.000. N'étaient les calamités qui s'abattirent sur l'Algérie, n'étaient les restrictions maladroites qu'on apporta aux pouvoirs du gouverneur, ils auraient peut-être été 150.000 en 1850. Mais la mortalité effrayante causée par le choléra, l'arrêt de la colonisation officielle, une révolution en France ne permirent à la population européenne que de compter 131.283 individus à cette date. Ainsi l'accroissement reste fort irrégulier pendant toute cette première période : assez lent au début, il se précipite dix ans plus tard pour s'arrêter vers 1846-47, il ne procède ensuite que par bonds.

Plus réguliers sont les progrès dans la seconde période, de 1851 à 1872. Peut-être, s'il était possible de les suivre année par année, ne montreraient-ils pas cette même régularité. Mais, à partir de 1861, on n'a plus de statistique annuelle ; il n'est guère possible et il n'est pas utile d'y suppléer par des calculs toujours approximatifs. Nous sommes donc dans l'obligation de ne faire porter nos observations que sur les chiffres des dénombrements. Or, si l'on en excepte les résultats de 1866 qui n'attestent qu'une augmentation minime, tous les autres accusent une majoration quinquennale de 30 à 40.000 individus, et cela malgré une insurrection sanglante, des épidémies meurtrières, des entraves apportées au peuplement européen, malgré l'utopie du royaume arabe. Il semble donc que si, pendant ces vingt années, l'Algérie n'a pas bénéficié d'une population plus nombreuse que celle qui s'y était fixée durant la période précédente, du moins la progression devient plus régulière : ce n'est pas un des signes les moins heureux de prospérité que cette régularité dans l'accroissement. Il fait bien augurer de l'avenir ; on sort de l'époque des convulsions de l'enfance pour entrer dans celle de la croissance régulière de la jeunesse.

La dernière période s'ouvrirait en 1872, pour s'arrêter de nos jours au seuil du xxᵉ siècle. Tout en demeurant aussi régulier, plus régulier même que précédemment, l'accroissement est plus considérable. A chaque recensement nouveau, toujours un gain d'environ 50.000 âmes ; parfois même il s'élève à 60.000, jamais il ne s'abaisse au-dessous de 45.000. Ainsi, tandis que la moyenne de l'accroissement annuel, très difficile à déterminer au début, à cause des fluctuations énormes, n'était dans la seconde que de 5.420, elle double dans la troisième, atteint 11.459. Au surplus, toutes les causes meurtrières de dépopulation disparaissent ou s'atténuent : insurrection générale, choléra asiatique, malaria. A nouveau, la colonisation officielle et l'extension des travaux publics, en particulier l'établissement des chemins de fer, attirent les immigrants et augmentent les forces de cet organisme sain, vigoureux, adulte qu'est désormais l'Algérie.

Et cette continuité, cette régularité, cette rapidité dans la progression sont des faits démographiques de grande valeur. Généralement, dans les hypothèses et les calculs auxquels on se livre pour préjuger du chiffre futur de la population européenne de l'Algérie à telle ou telle époque plus ou moins éloignée, on ne fait entrer en ligne de compte que l'augmentation moyenne des cinq ou dix années les plus rapprochées. Mais il est un facteur qui a une importance capitale et que le plus souvent on néglige, c'est ce que M. Burdeau, dans son admirable discours sur l'Algérie, lors de la discussion de son rapport, a appelé si justement « *la vitesse acquise, l'attraction croissante d'une colonie à mesure qu'elle grandit. Plus elle constitue une masse et plus elle attire à elle d'aventuriers de moins en moins aventureux, parce que le terrain a déjà été exploré, parce que les chances de vie et de fortune se sont accrues de jour en jour* ». Ne faut-il compter pour rien cette force d'attraction, quand on cherche à pénétrer les secrets de l'avenir ? La précision mathématique s'applique difficilement aux phénomènes sociaux ; elle les laisse souvent échapper dans leur complexité ou les dénature. Mathématiquement, la population européenne compterait un million vers 1937 et doublerait en quarante-six ans, mais il n'est point défendu d'espérer que, comme un corps jeune, la colonie acquerra des forces en se développant, que sa vitesse acquise s'accélérera et que la population, alimentée à la fois par une immigration plus forte et par une natalité plus abondante, mettra moins de temps à doubler que les calculs ne le feraient supposer.

***

Cette vitalité grandissante de l'Algérie réjouira tous ceux qui s'intéressent au développement de notre belle et déjà puissante colonie. Il est d'un intérêt plus immédiatement national de connaître les progrès de l'élément français et de les comparer à ceux des colonies étrangères qui vivent à côté de lui.

Au dénombrement de 1896, les étrangers étaient seulement 212.005 et les Français 318.139 (la population comptée à part, dans laquelle est comprise l'armée, étant exceptée).

Ces résultats ont de quoi étonner ceux qui se rappellent les dénombrements précédents. L'infériorité, aujourd'hui bien marquée, de l'élément étranger, n'était pas à ce point considérable. Dix ans auparavant, en 1886, les statistiques n'accusaient qu'une faible différence (219.627 Français contre 203.153 étrangers), soit 16.000 unités en faveur de l'élément national. Et aujourd'hui la distance entre les deux groupes se serait subitement agrandie. Il y aurait 100.000 Français de plus que d'Espagnols, d'Italiens, de Maltais et autres ! Est-il possible qu'en un laps de temps si court, nos nationaux aient pris une telle avance ? Quel a été depuis 1830 et dans chacune des périodes historiques distinguées le développement de ces deux groupes ?

Fait très remarquable : durant les deux premières périodes, Français et étrangers se disputent la supériorité numérique, sans qu'il

soit possible de deviner auquel des deux reviendra la victoire défini-
tive. Tantôt les premiers l'emportent de quelques milliers d'unités
sur les seconds pour se laisser distancer ensuite ; tantôt les seconds
gardent la prédominance quelques années, puis sont subitement
dépassés. Il y a des écarts brusques qui nécessairement doivent
avoir leur cause dans des faits historiques contemporains et dans les
diverses méthodes de colonisation. Ainsi, jusqu'en 1842, les étrangers conservent une assez forte supériorité numérique. A partir de
cette date jusqu'en 1851, ils la perdent peu à peu, et même, vers la
fin de cette période, ils ne sont plus aussi nombreux que les Français (66.650 Français contre 65.233 étrangers). A quelles raisons
étaient dus et cette extension rapide de la colonisation française et
ce ralentissement de l'émigration étrangère ? L'une a assurément
pour origine les vigoureuses mesures, prises par un maréchal colo-
nisateur, en vue d'implanter en Afrique un groupe compact de Français,
dont il trouvait les premiers éléments parmi les vétérans de son
armée. Qu'on juge de ses efforts par ce chiffre : dans la seule année
1844 et par ses soins, dix mille colons français sont établis. D'autre
part, la crise économique qui sévit à Alger et à Blidah en 1846 et en
1847 ralentit l'immigration étrangère. Quoique des concessions de
terres fussent accordées avec la même largesse et avec les mêmes
facilités aux Espagnols, Mahonais, Italiens, Maltais qu'aux Français,
les étrangers s'occupaient comme ouvriers dans les chantiers publics
ou privés. Cette préférence pour les entreprises industrielles et
commerciales et les salaires fixes dont bénéficient les ouvriers expliquent le plus souvent ces mouvements de progression lente ou
rapide de la population étrangère, comme s'explique la recrudescence de l'émigration française par les efforts plus ou moins sérieux
tentés par la colonisation officielle : vérité déjà établie par les premières années de l'histoire de l'Algérie, et qui se vérifie plus tard,
surtout dans la troisième période.

De 1850 à 1872, les Français ne cessent pas d'être les plus nombreux, et l'inégalité entre eux et les étrangers grandit tant que
dura le régime des concessions gratuites, malgré les modalités nouvelles que chaque gouverneur y apporta. En 1861, ils l'emportent
de 32.000 individus. Or, le 25 juillet 1860, à la suite des résultats
défavorables qu'avait donnés le système inauguré par le maréchal
Randon, lequel avait substitué au titre *provisoire* de concession gra-
tuite jusque-là accordé avec la double obligation de la mise en culture et de la résidence le titre *définitif* qui permettait au colon d'hypo-
théquer ses terres et de se procurer des fonds, à la suite de ces résultats,
dis-je, on décréta la vente des terres sous trois formes différentes :
vente à prix fixe, vente aux enchères, vente de gré à gré. Aussitôt la
colonisation française s'arrêta. A cette circonstance défavorable à

l'émigration française s'en ajouta une autre très avantageuse pour les colonies étrangères, de telle sorte que l'équilibre devait être bientôt rétabli : en 1866, pour pousser plus activement l'exécution des grands travaux publics dont la nécessité se faisait impérieusement sentir, l'État signa une convention avec la Compagnie Algérienne, par laquelle il lui empruntait une somme de 100 millions, et une grande impulsion fut donnée à toutes les entreprises. Conséquence immédiate : afflux des étrangers, énorme et rapide accroissement de leurs diverses colonies. Aussi, par suite de l'arrêt brusque de l'immigration française et de la recrudescence de l'immigration étrangère, la disproportion entre les deux groupes s'affaiblit peu à peu. Au reste, les statistiques parlent assez d'elles-mêmes ; il suffit de les citer :

1861	Français.....	112.229	Etrangers.....	80.517
1866	—	122.119	—	95.871
1872	—	129.604	—	115.526

Après la funeste guerre de 1870 et la répression de l'insurrection indigène, l'activité des grands travaux publics, un moment suspendue, reprit fiévreusement, tant et si bien qu'elle amena le plus fort accroissement de la population étrangère que l'on ait observé, et que l'équilibre entre les deux groupes[1] fut presque atteint; et cela, malgré une reprise de la colonisation française par l'arrivée des Alsaciens-Lorrains.

1876	Français.....	156.365	Etrangers.....	155.072

De ce moment date la poussée rapide et en apparence irrésistible de la colonie française; l'Algérie profita des ravages que le phylloxéra avait semés dans les campagnes de la métropole; comme son territoire était indemne de l'insecte dévastateur, que son climat se prêtait merveilleusement aux cultures telles que celle de la vigne, beaucoup de propriétaires originaires des départements vinicoles du sud de la France achetèrent des domaines par delà la mer, les firent défricher et plantèrent de la vigne. En l'espace de dix ans, 100.000 hectares furent complantés, presque tous appartenant à des colons français.

Il en débarqua donc des milliers et ceux-là firent la fortune actuelle de l'Algérie; car ils apportèrent des capitaux considérables et, comme ils étaient presque acclimatés à cause de leur origine, ils montrèrent par surcroît que le séjour de la colonie n'était pas mortel pour les Français; les relations se développèrent, le commerce prospéra.

---

[1] Le graphique indiquant l'accroissement comparé de la population française et de la population étrangère ne permet pas de vérifier le fait : car on a compris dans la masse des Français, depuis 1872, les Israélites indigènes naturalisés par le décret Crémieux.

La meilleure preuve de cette prospérité est l'accroissement ininterrompu de la nationalité française, qui se chiffre tous les cinq ans par un gain de 40 à 50.000 âmes. Par un phénomène contraire, les étrangers, après avoir progressé dans des proportions presque aussi rapides que les Français de 1876 à 1886, ont vu leur nombre diminuer ou rester sensiblement le même en 1891 et en 1896. Ce n'est point, en effet, au lendemain de ce magnifique essor de la colonie française que se produisit le mouvement d'arrêt, ou même de recul, des Espagnols, des Italiens, des Maltais. Longtemps encore, leur effectif grossit : aux deux dénombrements de 1881 et de 1886, ils gagnèrent près de 25.000 unités, car ils trouvaient à occuper leurs bras dans la construction des chemins de fer et dans les défrichements. Mais dès 1889, les grands travaux s'arrêtent et les colonies étrangères décroissent. Toutes sont frappées, excepté l'espagnole. Encore cette exception n'est-elle qu'apparente, car, si l'on songe que la natalité s'est continuellement maintenue fort élevée, que l'excédent de ses naissances sur les décès aurait suffi à lui assurer un accroissement plus rapide, on est bien obligé de convenir qu'elle a perdu d'un autre côté ce qu'elle gagnait par ses naissances.

	1886	1891	1896
Maltais...........	15.533	14.677	12.815
Italiens...........	44.315	39.161	35.589
Espagnols	144.530	151.859	157.560

Nombreuses sont les raisons que l'on peut donner pour expliquer ce fait, un des plus curieux de ceux que permet d'observer l'étude de l'accroissement des Européens.

Il en est une très simple qui vient d'abord à l'esprit : l'émigration des Italiens et des Maltais en Tunisie. Elle a contribué certainement pour une part, mais pour une part difficile à apprécier, à cette décroissance. Les mercantis anglo-maltais devaient être tentés de s'installer dans la Régence; car, à ce déplacement, ils trouvaient le double avantage de se rapprocher de leur île et de pouvoir exercer dans un pays neuf leurs étonnants instincts de lucre. Notre conviction cependant est qu'un petit nombre seulement quitta l'Algérie. Beaucoup plus actif fut le rôle joué par l'émigration dans les pertes que subit la colonie italienne; elle se composait en effet d'une population essentiellement flottante de terrassiers et de pêcheurs. Aussitôt que les gros travaux de terrassement pour les chemins de fer en construction furent achevés, les ouvriers émigrèrent en Tunisie, où l'on annonçait

la prochaine ouverture de grands chantiers; la construction de ports,
l'ouverture de routes, l'établissement de voies ferrées que le gouvernement tunisien entreprit à l'instigation du résident français,
drainèrent la majeure partie des étrangers qui ne s'étaient pas définitivement fixés en Algérie. Ce devaient être surtout des célibataires
hommes qui s'étaient expatriés seuls, sans leur famille et qui allaient
partout où ils trouvaient à occuper leurs bras. Les statistiques en
font foi.

ANNÉES	HOMMES ITALIENS	FEMMES ITALIENNES
1886.........................	28.010	16.305
1891.........................	23.017	16.144

Les mariages croisés sont une seconde cause de déperdition pour
les nationalités étrangères. Qui ignore qu'en Algérie, plus que dans
toute autre colonie, les populations se mêlent, j'entends les populations européennes? Et à qui profitent ces unions, sinon au peuple qui
fournit le plus grand nombre d'époux? C'est le cas de la nation française. Pour une Française qui épouse un étranger, trois Français se
marient avec des étrangères et leur confèrent leur nationalité. Si,
pour les trois dernières années sur lesquelles on possède des renseignements, on fait la balance des gains et des pertes, voici à quels
résultats on arrive :

ANNÉES	FRANÇAIS AVEC DES ÉTRANGÈRES	ÉTRANGERS AVEC DES FRANÇAISES	GAIN DE LA NATIONALITÉ FRANÇAISE
1894...........	511	174	337
1895...........	588	190	398
1896...........	639	235	404

Chaque année, les colonies étrangères sont décimées dans leurs
groupes d'adultes par les emprunts que leur fait notre nation et ce
sont leurs éléments fécondants qu'elle leur enlève, ceux qui contri-
bueraient au progrès de la race. De leur côté, les étrangers lui font
bien perdre en apparence quelques unités, mais d'une part ces
pertes sont bien moins abondantes, et de l'autre elles ne sont que
momentanées. Dans la plupart des cas, les Françaises ne contractent
ces unions avec des étrangers que sur la promesse formelle du mari

de se faire naturaliser ou de naturaliser ses enfants. Lors même que cette promesse n'est pas une condition du mariage, tôt ou tard, insensiblement, le désir de réintégrer sa nationalité pousse la femme à solliciter, à exiger même du mari cette naturalisation. Donc, gain annuel de la nationalité française et perte correspondante des nationalités étrangères, 400 environ.

Beaucoup plus considérables sont et les gains et les pertes qu'entraînent les deux modes de naturalisation pratiqués en Algérie : naturalisation individuelle, établie par le sénatus-consulte de 1865, sollicitée par l'étranger, soumise à une enquête préalable, naturalisation collective et automatique, imposée par la loi de 1889 à tous les jeunes gens des deux sexes qui, au moment de leur majorité, n'excipent pas de leur qualité d'étrangers. De 1865 à 1898, le nombre des naturalisations individuelles accordées atteignait 27.003, soit 824 par an. Mais, réduites à quelques unités aux premiers temps de l'application de ce décret, elles se sont multipliées plus tard ; avec des oscillations très étendues, les statistiques permettent de constater une progression générale jusqu'en 1888, année où fut atteint le maximum de 1.998 naturalisations. Depuis lors, la régression commence et se poursuit toujours avec de brusques relèvements et des chutes aussi soudaines. De 2.000, on descend à 1.000 environ et c'est encore une perte annuelle sensible pour les nationalités étrangères. En 1886, au moment de l'expiration de nos traités de commerce avec l'Italie, la loi française exige des patrons de pêche et de la majeure partie de leur équipage la qualité de Français ; d'où ce maximum de 2.000 naturalisés, atteint en 1889, les Italiens ayant préféré la perte de leur nationalité à celle de leur profession lucrative. En 1889, nouvelle législation sur la naturalisation, qui accorde tacitement le titre de Français aux enfants d'étrangers, et diminue d'autant le nombre de ceux qui pourraient le solliciter ; ainsi s'explique tout aussi naturellement la diminution des naturalisations individuelles dix ans plus tard, en 1898.

Mais, en même temps que leur quantité décroît, grossit le nombre des naturalisations collectives et automatiques. On en était réduit jusqu'à aujourd'hui à préjuger des effets de cette loi par quelques statistiques empruntées au recrutement, sans pouvoir les mesurer exactement. Il fallait de toute nécessité se procurer les états indiquant le nombre des jeunes gens nés en Algérie de parents étrangers qui avaient été portés sur les listes de conscription en vertu des dispositions de la loi du 15 juillet 1889 sur le recrutement, combinées avec celles de la loi du 26 juin 1889 sur la nationalité. Or, d'après une enquête impartiale, le nombre des jeunes gens étrangers qui ont accepté de faire leur service militaire dans l'armée française et sont devenus Français a été dans ces dix dernières années de 11.772, soit 1.177 par an. Cette moyenne générale ne représente pas exactement à l'heure actuelle la mesure de cette infiltration incessante, car d'année en année le nombre des étrangers francisés augmente. En 1890, il n'était que de 1.004 et s'abaissa même jusqu'à 907, mais il s'est relevé et dépasse maintenant 1.500. Encore, pour avoir l'état des pertes qu'ont subies les colonies étrangères et celui des bénéfices qu'a effectués notre propre nationalité, est-il nécessaire de doubler ce chiffre de 1.500, quelque élevé qu'il soit : car, en même temps et au même titre que les jeunes gens, les jeunes filles étrangères sont déclarées Françaises par la loi, si elles ne repoussent pas à vingt et un ans cette qualité. Au total, 3.000 individus des deux sexes sont détachés des étrangers pour être portés dans les rangs de nos nationaux.

A ces 3.000 ajoutez 1.000 étrangers naturalisés individuellement, 400 étrangères épousant des Français, et vous aurez le chiffre global 4.400, qui représente très approximativement les gains des Français et les pertes des étrangers chaque année : ce sont là trois saignées abondantes que notre race fait subir aux autres races et dont elle se nourrit. Quoi d'étonnant dès lors à ce qu'elle s'accroisse rapidement ? Elle bénéficie et de l'arrivée de nouveaux colons que l'initiative privée ou la faveur du gouvernement attire sur cette terre, et du changement de nationalité que sollicitent ou subissent les étrangers. Quoi d'étonnant aussi à ce que la population étrangère reste stationnaire ? Sans le fort excédent de ses naissances sur ses décès et même, pour la nationalité espagnole, une immigration persistante, elle ne se maintiendrait pas dans son état actuel et déjà diminuerait.

Ne nous illusionnons donc pas ; malgré les apparences, si la nationalité française gagne à tous les recensements quinquennaux 50.000 unités, les Français d'origine n'entrent que pour la moitié dans ces gains, l'autre moitié est fournie par les étrangers ; malgré les apparences aussi, quoique les Espagnols en particulier se maintiennent malaisément à 150.000, leur race très prolifique s'accroît et leurs compatriotes continuent à débarquer en rangs pressés dans les ports de l'Oranie et à Alger. Les statistiques espagnoles prétendent que tous les Espagnols qui vont en Algérie chercher du travail et un salaire rémunérateur reviennent dans leur patrie la même année. Mais on sait, et de source sûre, que sur 25 à 28.000 qui arrivent, il n'en repart jamais le même nombre ; il en reste toujours trois ou quatre mille. Voilà pourquoi cette colonie continue à s'accroître, malgré les naturalisations collectives de ses nationaux, malgré les naturalisations individuelles, malgré les mariages croisés.

II

DENSITÉ DES POPULATIONS EUROPÉENNES

Les Européens sont très inégalement répartis en Algérie. Denses sur le littoral et dans toute la région tellienne, ils sont fort clair-semés à travers les steppes des Hauts Plateaux et on les rencontre rarement dans les oasis du Sahara. Aussi est-ce une singulière prétention de vouloir calculer la densité générale des Européens en Algérie. Le statisticien réunirait ainsi des pays à peuplement très différent et risquerait de propager de mensongères illusions.

Pas plus que la densité générale, la densité spéciale par département ne parle à l'esprit, toujours pour la même raison, contraste absolu entre les régions saharienne, steppienne et tellienne. L'Algérie est, comme tout le Maghreb musulman, un pays où les variations climatologiques sont si grandes et si brusques et l'influence qu'elles exercent sur l'homme, sur la faune et sur la flore tellement profondes, qu'à côté de régions à population très dense se trouvent d'immenses étendues désertiques. Dans ce pays de contrastes, essayer de calculer cette densité même par département est aussi inutile que prétendre déterminer son climat en général.

Au lieu de généraliser, on est conduit à spécialiser ; au lieu du département ou même de l'arrondissement, il faut considérer la commune. On serait tenté de laisser absolument de côté les terri-toires de commandement militaire, tant leur population nomade est clairsemée : les Européens n'y habitent que quelques centres ou quelques villages à proximité de la mer d'alfa. Dans les ter-ritoires soumis à l'autorité civile, les communes de plein exercice seules possèdent une population dans laquelle l'élément européen entre toujours pour un appoint important. Dans les communes mixtes, cet élément existe à peine ; cependant, depuis que la sécurité des cam-pagnes algériennes est plus grande, que les Européens sont plus nombreux, il se produit une pénétration pacifique des douars in-digènes ; des propriétés sont acquises aux Arabes, des fermes iso-lées se bâtissent. La colonisation européenne se diffuse, s'avance peu à peu vers l'intérieur. Nous avons calculé, pour chaque commune et pour chaque centre, la densité spéciale des Européens, depuis l'épo-que où les dénombrements nous fournissaient un état exact de leur po-pulation, c'est-à-dire depuis 1856. D'autre part, M. G. Boulogne, avec le concours de M. Accardo, dont les excellents travaux de cartogra-

phie algérienne sont depuis longtemps unanimement appréciés,
après avoir débrouillé la masse confuse des états de statistique
algérienne et recherché les variations de superficie des communes,
a fait établir plusieurs cartes de densité des Européens, correspondant aux divers dénombrements de 1856, 1866, 1876, 1886, 1896. Enfin
M. Accardo a dressé deux autres cartes de densité comparée, l'une
pour 1886, avant la promulgation de la loi sur la pêche qui a obligé
nombre de pêcheurs italiens à se faire naturaliser, et avant la loi de
1889 sur la nationalité qui a décimé toutes les colonies étrangères;
l'autre pour 1896, au moment où les effets de l'une et de l'autre
commençaient à se faire sentir. La précision et la clarté de ces
cartes nous dispensent de longs commentaires.

*
* *

Le mieux est de rechercher quelles sont les causes de cette répartition des Européens, telle qu'elle est indiquée par ces cartes : ces
causes sont multiples, politiques et géographiques, économiques et
sociales.

De tous les agents de peuplement, le plus actif a été la colonisation officielle. Quand on conteste les heureux effets qu'elle a pro-
duits, on oublie généralement qu'elle seule était capable d'implanter
des colons en Algérie aux premières époques de la conquête; que,
si elle ne les avait pas attirés par l'appât des concessions gratuites,
ils n'y seraient guère venus spontanément, tant les conditions d'établissement étaient difficiles, tant les landes algériennes semblaient
tristes, désolées, tant leurs habitants se montraient fanatiques,
belliqueux, jaloux de la possession du sol. On oublie aussi que seule
elle pouvait tenter de coloniser un pays en apparence si peu colo-
nisable, parce qu'en fait et dès 1830, l'État français était devenu
l'unique propriétaire des biens domaniaux. Or, de ces biens, semés
à travers toute la future colonie, il pouvait disposer en faveur des
immigrants européens. Si l'on possédait l'état exact de ces terres
qui échurent à l'État, et une carte des centres qui furent successivement créés, on s'expliquerait cette répartition qui semble procé-
der sans méthode, sans plan préconçu, créant des villages tantôt
sur la lisière méridionale du Tell, tantôt au Nord sur le bord de
la mer. Il y eut là une nécessité réelle qui imposa au gouvernement
de faire porter ses efforts sur telle région déterminée à l'exclusion
de telle autre. Plus tard, mais beaucoup plus tard, le gouvernement acheta aux tribus des terres de colonisation, afin de faire sentir notre influence dans les milieux qui étaient restés les plus réfrac-
taires.

En installant ainsi des centres d'Européens au milieu des populations musulmanes, les divers gouverneurs obéirent à des idées assez différentes. Les préoccupations de défense militaire prévalurent d'abord, et cela jusqu'en 1857.

Bugeaud fut le premier qui apporta dans l'administration de la colonie cet esprit de suite, cette méthode, ce pressentiment de l'avenir, sans lesquels on ne fait rien de grand. Quoiqu'il ait été appelé à protéger les possessions françaises contre le plus audacieux et le plus insaisissable des adversaires, peut-être même à cause de cette lutte de tous les jours, il comprit qu'il fallait organiser la défense en s'établissant solidement dans les villes du littoral et de l'intérieur. Avant lui, quelques garnisons avaient été laissées à Médéa, à Miliana ; mais, réduites à un petit nombre de soldats, elles restaient étroitement bloquées entre les murs de ces villes, et, loin d'être des signes de force, elles n'attestaient que notre faiblesse, d'autant que, pour les ravitailler, il fallait de véritables expéditions militaires. Bugeaud fit occuper fortement ces centres, et de là rayonna pour pacifier le pays. Ainsi, en même temps qu'il harcelait son insaisissable adversaire, il asseyait définitivement l'occupation française à Médéa, à Miliana, à Mascara (1841), puis à Tlemcen (1842), tandis que dans l'Est, son lieutenant le général Négrier occupait Msila (1841), Tébessa (1842). Toutes les villes situées à la limite du Tell et des Hauts Plateaux devinrent autant de centres de résistance contre toute incursion. Bientôt cette ligne de postes ne suffit plus ; on se résolut à pousser plus loin dans le Sud, et à accroître ainsi la superficie du territoire effectivement soumis à notre autorité. A la lisière des Hauts Plateaux, à Boghar, à Teniet-el-Haad, à Tiaret, à Sidi-bel-Abbès, nouvelle ligne de forteresses. Le Tell était en partie conquis et défendu.

Bugeaud voulut y attirer des colons européens ; c'était le plus habile moyen d'assurer la défense. Ces colons, il les rangea un peu comme on range les soldats dans une armée, il créa des villages dans le voisinage immédiat des places fortes occupées par nos troupes. Une triple ceinture de gros bourgs dans le Sahel et la Mitidja entoura Alger, d'autres furent établis près des principales villes du littoral, la Calle, Philippeville, Mostaganem, Oran, Arzew.

Aux successeurs du maréchal Bugeaud s'imposa la nécessité de pénétrer toujours plus avant dans l'intérieur, pour protéger nos possessions du Tell. Bientôt, les oasis qui forment la bordure septentrionale du Sahara, au pied des Hauts Plateaux, devinrent le foyer d'intrigues dangereuses ourdies contre nous par des fanatiques. Il fallut agir. Laghouat se rendit après un siège mémorable (1852), le Mzab se soumit, Ouargla, Touggourt furent bientôt nos sentinelles avancées dans le désert. Seule, la région montagneuse de la Kabylie restait indépendante. Toutefois, quelques villes

du littoral avaient été occupées : Bougie (1833), Djidjelli (1839
Collo (1843), Dellys (1844) ; Bugeaud avait dirigé plusieurs colonne
volantes contre des tribus trop remuantes. Ce n'est qu'en 185
que le maréchal Randon, pour en finir avec la résistance opiniâtr
de ces montagnards, fit cerner le massif kabyle, puis obligea de
tribus les plus guerrières, comme les Beni Iraten, les Beni Men
guellet, à demander l'aman. La Kabylie sera domptée et l'Algéri
pacifiée.

Pendant cette période de conquêtes, malgré la guerre, malgr
des insurrections sanglantes, la population européenne n'avait pa
cessé de s'accroître rapidement. Mais l'insécurité des campagne
algériennes et des préoccupations d'ordre militaire l'avaient obligé
à se cantonner dans quelques villes ou dans certains districts voi
sins de nos postes militaires. La densité est déjà grande sur ce
points, mais ces points sont rares. Le recensement de 1856 nou
permettra de juger de ce qui avait été fait.

A cette époque, les Européens forment deux groupes compacts
l'un à Alger, l'autre à Oran. A Alger, ils composent déjà un
grosse partie de la population ; ils sont installés en nombre à
Boufarik, à l'Arba, à Blida ; ils essaiment dans toute la Mitidja
Les villages créés dans le Sahel ont prospéré, et déjà leurs habitants sont maîtres de tous les environs de la capitale. Dans l
haute Mitidja et jusqu'à Tipaza, des centres sont échelonnés
disposés comme les anneaux d'une chaîne. En dehors de cette zon
voisine d'Alger, où vraiment la colonisation a pris un magnifique esso
et agrandi son territoire, combien restreint est celui qu'elle possède
auprès des autres villes ! Sur la côte, Ténès et Cherchell ont encore
une densité assez grande, mais à l'intérieur se montrent des points à
peine peuplés : Orléansville, Miliana, Vesoul-Benian, Médéa, Aumale
Tizi-Ouzou, Dra-el-Mizan, Dellys ; plus loin encore Teniet-el-Had
Boghari, Djelfa, Laghouat, villes de garnison plutôt que de colonisation

A Oran, la situation est la même ; les Européens se pressent autou
des villes, centres de protection ou de refuge en cas de danger
Cependant le groupe est moins compact qu'à Alger ; il s'étend plutô
en longueur sur la côte qu'en largeur vers l'intérieur. Trois villes littorales : Mostaganem, Arzew, Oran, arrondissent leurs périmètres de
colonisation qui se touchent presque. A l'intérieur commence aussi à
se faire sentir la pénétration et — fait remarquable — elle est
déjà plus active que dans le département d'Alger, bien qu'elle y soit
de date plus récente. Tlemcen a une densité de population européenne supérieure à 100, Sidi-bel-Abbès et Mascara à 50, Nemours,
Aïn-Temouchent, Saint-Denis-du-Sig sont de gros bourgs, Saïda,
Sebdou des postes avancés.

Dans le département de Constantine, la population n'avait, pour ainsi dire, pas de centre de ralliement et d'attraction unique sur la côte et, à n'en pas douter, ce fut là une des raisons pour lesquelles elle n'y a jamais été aussi dense que dans les deux autres provinces. Constantine, située dans l'intérieur, ne possédait qu'un port éloigné, Bône; on chercha à la doter d'un débouché plus rapproché qu'on créa de toutes pièces, Philippeville; mais Bône exista toujours, et les relations qui se développèrent entre ces trois villes nécessitèrent l'établissement de villages échelonnés sur le parcours. En 1856, Constantine est reliée déjà par une série de centres à Philippeville, et la carte de densité atteste qu'entre ces deux villes il y a comme une traînée d'Européens. Semblable disposition se fait remarquer entre Bône et Guelma. Ces deux sillons parallèles s'enfoncent dans l'intérieur comme des tentacules. En dehors de ces routes, combien les points où l'on retrouve quelques Français, Maltais ou Italiens sont distants les uns des autres et combien faible est leur densité ! Ce sont, sur la côte, Bougie, Djidjelli, la Calle, à l'intérieur Bordj-bou-Arreridj, Sétif, Batna, Aïn-Beïda, Soukahras, Tébessa et, si l'on regarde encore plus au Sud, Bou Saada, Biskra.

Donc, en 1856, deux groupes très compacts, l'un à Alger, l'autre à Oran; dans le département de Constantine, deux routes jalonnées de centres; et à l'intérieur quelques postes militaires. Le périmètre de colonisation est des plus restreints, et la densité dans les centres est forte. Elle faiblira dans la suite sur quelques points parce que la population, assurée d'une protection plus efficace, s'étalera, essaimera dans les campagnes.

Quels progrès n'a-t-on pas accompli en quarante ans ! Il suffit, pour s'en convaincre, de considérer les différentes cartes de densité ou même de comparer celles de 1856 et de 1896. Le Tell entier a été envahi; non pas que les Européens y aient des colonies très denses, car, ne l'oublions pas, les populations musulmanes y sont installées à demeure et elles y ont une densité parfois considérable. Il serait intéressant de montrer que la répartition actuelle des Européens a été imposée dans une certaine mesure par la situation respective des indigènes au moment de la conquête; facilitée ici par le nombre limité des possesseurs du sol, arrêtée là par leur grande masse. Les grandes invasions arabes avaient fait le vide sur leur passage, supprimé ou refoulé les anciens propriétaires du sol. Les envahisseurs avaient gardé les meilleures terres, les plaines fertiles où poussait une herbe drue dont ils nourrissaient leurs moutons et où venait à maturité, sans travail et sans peine, juste assez de blé ou d'orge pour les alimenter, eux et leurs bêtes. Les spoliés s'étaient réfugiés dans des régions d'accès difficile, et là, par un travail séculaire, avaient transformé ces régions peu favorisées par la nature en véritables jardins : telles les montagnes de Kabylie. Cet état s'était perpétué pendant des siècles, et quand nos troupes débarquèrent en Algérie, non seulement nous trouvâmes les meilleures terres de plaine peu peuplées, mais le plus souvent elles étaient entre les mains du beylik, auquel l'État français succédait. Ainsi, tandis qu'en Europe l'on rencontrait les agglomérations les plus denses dans les plaines, là où la terre était le plus fertile, en Algérie, la densité était la plus forte dans les massifs montagneux, partout où la terre était une marâtre.

D'autres conditions favorisèrent le développement de la colonisation dans le Tell : en particulier le climat, une température toujours modérée, une humidité suffisante. M. Busson a montré [1] quel rôle ont joué la structure du sol et le caractère du climat dans cette histoire de la colonisation algérienne. Il rappelle la division de l'Algérie en trois zones parallèlement disposées du Nord au Sud : la zone désertique du Sahara, la zone des steppes des Hauts Plateaux, la zone de culture du Tell ; dans cette dernière, il distingue encore plusieurs régions, des massifs montagneux, des plaines fermées, des couloirs de communication, et il s'efforce de montrer que chacune a eu son rôle propre dans l'histoire de la zone tellienne et du Maghreb tout entier. « Les plaines littorales d'abord, puis les hautes plaines ont vu s'établir les colons agricoles ; les massifs montagneux, plus tard pénétrés par la conquête, ont été plus tard aussi pénétrés par la colonisation ; les hauts plateaux enfin, bien qu'assez tôt parcourus par les colonnes françaises, n'ont été qu'en tout dernier lieu l'objet de tentatives restreintes de peuplement. » A condition de s'en tenir à ces idées très générales et de ne pas pénétrer trop avant dans les détails, il est certain que ce fut là la marche de la colonisation algérienne et que, même dans une œuvre où l'initiative du gouvernement était toute-puissante, certaines nécessités s'imposèrent à lui, qui résultaient de la structure physique et du caractère du climat. Cependant notons que, dans cette répartition des Européens, le gouvernement français dut obéir d'abord à cette obligation de défendre sa colonie contre les déprédations des armées d'Abd-el-Kader, puis à cette autre nécessité de créer des villages là où il possédait des terres.

Dans le Tell cultivable, les Européens se trouvent donc à peu près partout. En 1856, les régions telliennes où on les rencontrait étaient des îlots épars çà et là, sans étendue, les environs d'Alger et d'Oran exceptés ; en 1896, ce sont les pays où il n'y a pas de population européenne qui sont l'exception.

Le département d'Oran surtout a gagné. Tous les villages voient grossir leur population. Et ce ne sont plus seulement ceux qui sont situés dans les environs immédiats du chef-lieu. Il n'y a ni centralisa-

---

[1] *Annales de Géographie*, 15 janvier 1898.

tion ni dispersion excessives. Oran n'absorbe pas à son profit toutes les forces vives du département. Tlemcen, Sidi-bel-Abbès, Mascara, Saint-Denis-du-Sig sont en pleine prospérité. Dans tous les arrondissements, il se produit comme une poussée irrésistible de l'élément européen débordant l'élément indigène, le refoulant; et lorsqu'à chaque dénombrement on voit s'enfler les statistiques, s'élever la densité régulièrement, partout et toujours, on est étonné et ravi.

Le département d'Alger voit aussi sa densité progresser. Mais on ne constate plus cette invasion pacifique et générale dans tout le département ni même dans toute la partie tellienne. Seuls le Sahel, la Mitidja et les parties avoisinantes sont peuplées d'Européens, et si, là du moins, leur proportion est très élevée, il semble que leur extension soit arrêtée par les montagnes qui enserrent la dépression mitidjienne. Est-ce défaut d'harmonie entre les diverses régions? N'y a-t-il pas une centralisation excessive, une absorption de tous les efforts de la colonisation par l'arrondissement d'Alger?

Quant au département de Constantine, il est assez mal partagé. Sans doute le nombre des Européens qui y sont fixés a augmenté et augmente encore en son ensemble; mais la progression de la densité est très lente et en certains endroits même elle diminue. Au demeurant, ce département manque d'unité géographique : des régions éloignées l'une de l'autre n'entretiennent que des relations difficiles. Au lieu d'un centre politique, il en existe trois qui se disputent la prééminence.

La colonisation officielle avait jeté sur l'Algérie une sorte de filet aux mailles très lâches. Elles se sont rapidement resserrées en Oranie; à Alger, elles se sont fermées complètement dans toute la région mitidjienne, mais sont demeurées flottantes ailleurs; à Constantine, elles couvrent mal de leurs mailles distendues d'immenses régions presque vides.

III

DENSITÉ COMPARÉE DES EUROPÉENS

Le grave problème de l'augmentation trop lente de la population européenne dans le département de Constantine se pose d'une manière plus vive et plus pressante, quand on compare la densité des populations de races diverses qui habitent l'Algérie.

Sur l'aire géographique de dispersion des Français et des étrangers, statisticiens et géographes s'étaient arrêtés à des idées générales qu'on répétait à satiété sans les contrôler. Les Espagnols avaient la majorité numérique dans l'Ouest, les Français au centre, les Italiens et Maltais étaient nombreux à l'Est. Les causes de cette répartition, on les devinait. Les côtes oranaises font face aux côtes espagnoles, celles d'Alger aux côtes de France, enfin le littoral de Bône et de Philippeville au rivage de l'Italie et de la Sicile. La facilité des communications avait attiré les Espagnols dans les parages d'Oran, les Italiens dans ceux de Bône et les Français dans ceux d'Alger. En thèse générale, cette opinion, sur laquelle on vit depuis des années, est exacte; mais, si l'on pénétre dans les détails, ne doit-on pas apporter certaines atténuations au tranchant de ces affirmations?

En 1896, dans le département d'Oran, le nombre exact des Espagnols s'élevait à 105.538 contre 97.260 Français, 3.774 Italiens et 4.412 étrangers de nationalités diverses. La différence entre les Espagnols et nos nationaux ressortirait donc bien minime, si l'on ne se reportait par la pensée au recensement de 1891, qui en accusait une de 25.000, et si l'on ne songeait aux effets de la loi de 1889, qui a déjà francisé une partie de ces Espagnols. Leur supériorité numérique est très marquée dans deux arrondissements : Oran et Sidi-bel-Abbès. A Oran, ils l'emportent même sur les musulmans; le fait mérite d'être signalé, car c'est le seul arrondissement algérien où les indigènes n'aient pas la majorité (Français, 11. Musulmans, 15. Espagnols, 16). Cet avantage tendrait à s'affirmer de plus en plus dans les villages de l'intérieur. Au contraire, à Oran, où les familles espagnoles sont établies depuis longtemps et qui par suite sont désagrégées par la naturalisation, il s'affaiblit. A Sidi-bel-Abbès, supériorité plus forte encore. Leur colonie remonte à une époque déjà ancienne et a provoqué un mouvement intense d'immigration vers cette région, plusieurs des propriétaires espagnols ayant réalisé de grosses fortunes. A Tlemcen, si l'on ne regarde que les communes de plein exercice, les Français auraient le pas sur les Espagnols (Espagnols, 8; Français, 10). Mais, si l'on compte à la fois la population des communes mixtes et celle des communes de plein exercice, la proportion se renverse. Le fait apporte son enseignement. Les Espagnols se livrent plus facilement au défrichage; ils achètent des propriétés aux indigènes, vivent dans les tribus; les Français préfèrent l'existence des villes. A Mascara et à Mostaganem, l'élément national conserve une avance sensible. Dans le premier de ces arrondissements, la culture de la vigne, qui a trouvé dans la nature calcaire du terrain un sol approprié, a favorisé l'immigration française. Dans le second, l'invasion espagnole ne s'est pas encore produite, mais elle l'attaque déjà : Relizane lui appartient et Mazagran est entamé. — Ainsi les trois arrondissements de l'Ouest, en Oranie, sont acquis à une majorité d'Espagnols, les deux de l'Est sont habités par une majorité de Français.

La division des étrangers entre leurs nationalités respectives, presque inutile à Oran, tant la supériorité des Espagnols est écrasante, s'impose à Alger, où la disproportion n'est plus aussi grande entre eux et les Italiens ou les Maltais. Les premiers vont en diminuant de l'ouest à l'est, les autres de l'est à l'ouest.

ARRONDISSEMENTS	FRANÇAIS	ESPAGNOLS	ITALIENS
Orléansville............	3.520	1.440	183
Miliana................	5.744	1.404	195
Alger.................	111.272	39.183	9.552
Médéa...............	3.744	491	424
Tizi-Ouzou............	5.387	386	341

Mais les étrangers ne forment partout qu'une minorité vis-à-vis du groupe français. L'arrondissement d'Alger a une situation spéciale et il est si peuplé qu'il étouffe pour ainsi dire tous les autres ; il mérite une mention particulière. Les Français se trouvent en groupes serrés à Alger, où ils occupent les fonctions libérales, toutes les places de fonctionnaires, le haut commerce ; ils peuplent les villages du Sahel et y ont constitué aux alentours de splendides vignobles, à El Biar, Dely-Ibrahim, Draria, Douéra, Mahelma, Coléa, Attatba ; la haute Mitidja est entre leurs mains : Marengo, Bourkika, Ameur-el-Aïn, El Affroun, Mouzaïaville, la Chiffa, Blidah, Boufarik, Birtouta. Les étrangers l'emportent au contraire sur les côtes, où ils exercent la profession de pêcheurs ou de maraîchers à Guyotville, Hussein-Dey, Maison-Carrée, Fort de l'Eau, Reghaïa. Ils dominent aussi dans la basse Mitidja, où de fortes colonies mahonaises furent attirées par le gouvernement, au moment où on ne se préoccupait encore que du peuplement européen de la colonie.

Si l'on enlevait quelques villes du littoral, qui sont habitées par de fortes colonies étrangères, surtout italiennes, le département de Constantine aurait une population exclusivement française. Mais comme la densité y est faible ! Dans l'arrondissement de Constantine, elle n'est que de 5,8 pour les Français, de 0,9 pour les étrangers contre 30,6 pour les musulmans. N'étaient les villes de Constantine et de Tébessa, le chef-lieu du département et le centre industriel de l'exploitation des phosphates, n'était encore le Khroub, gare importante où aboutissent trois voies de chemin de fer, cette densité aurait diminué depuis 1886. En tout cas, 11 communes de plein exercice sur 20 sont en perte ; dans 13 ce sont les étrangers qui diminuent.

Inutile de parler de Batna qui n'a que 3 communes à la lisière du désert. A Bône, étrangers et français se suivent de plus près : les étrangers, composés d'une énorme majorité d'Italiens, ont une densité de 10,4 ; les Français, de 13,7. Néanmoins, les Italiens diminuent tous les jours. Bône, où ils avaient la majorité, leur a échappé. Ils ne gardent que la Calle, centre de la pêche du corail, et Aïn-Mokra, où sont les célèbres mines de fer. A Bougie, densité de 12,5 pour les Français, de 3,2 pour les étrangers. Ces derniers diminuent à Akbou, Djidjelli, Duquesne et s'accroissent de quelques unités dans les autres communes. Nos nationaux ne progressent pas, excepté à Bougie et à Djidjelli. A Guelma, même régression de l'élément étranger. On y compte 7 Français pour 4 étrangers. Ce phénomène de régression prend un caractère de généralité et de gravité remarquables dans la région de Philippeville. Pas une ville, pas une commune dont la densité ne faiblisse. Il semble qu'une cause d'ordre très général amène un exode des habitants de cet arrondissement, exode analogue à celui qui a dépeuplé certains départements du midi de la France. Enfin Sétif, qui est surtout un centre de culture du blé, est resté stationnaire. Les augmentations, soit du côté des étrangers, soit du côté des Français (Sétif excepté) sont insignifiantes.

*
* *

Voilà donc un département algérien dont la population ne progresse pas, et c'est précisément celui qui est habité presque exclusivement par des Français. Les deux autres sont prospères, lui reste stationnaire et même s'anémie.

A quoi faut-il attribuer ce piétinement sur place ? Au défaut d'acclimatement des Français, qui ne sauraient se livrer sans danger aux rudes labeurs de la culture algérienne ? A une vitalité moins résistante de notre race ? Mais l'étude de la natalité et de la mortalité des Européens montre combien sont fausses les prédictions pessimistes que l'on s'est plu à lancer contre les Français. Est-ce manque d'aptitudes colonisatrices ? Le Français ne réussit-il que là où il est secondé par l'étranger, comme dans le département d'Oran et dans une partie de celui d'Alger ? Faudra-t-il donc se résigner à voir se constituer en Algérie, au dessous de l'élément national qui possède et qui dirige, une sorte de servage des étrangers attachés à la glèbe ? Les Français sont-ils condamnés à rester possesseurs du sol sans en être les cultivateurs ? L'hypothèse est grosse de conséquences pour l'avenir de notre race en Algérie ; car tôt ou tard, l'histoire le démontre, c'est aux cultivateurs du sol que revient la prépondérance politique. Ce serait pousser les choses au pire et méconnaître les efforts faits par les agriculteurs de la métropole pour faire produire au sol algérien de magnifiques moissons. Que des Français venus des départe-ments du Nord puissent difficilement travailler en Algérie, le doute n'est plus permis ; mais il n'est pas permis davantage de douter que les Provençaux, les Languedociens puissent se livrer sans péril aux travaux des champs.

D'autres causes, et non des moindres, rendent compte de cette apparente anomalie. D'abord, l'état de la propriété : c'est dans le département de Constantine que l'on a concédé les plus grands do-maines, sortes de fiefs dont certaines compagnies financières ou même des individus ont été déclarés propriétaires. Or, tandis que le morcellement de la terre par l'État a toujours favorisé l'implantation d'une nombreuse population et la prospérité des régions où il a été pratiqué, la constitution d'immenses latifundia a entraîné des effets contraires. Le ralentissement du peuplement, l'accroissement très lent de la richesse en ont été les conséquences.

Puis, il faut tenir compte de l'état de la population étrangère. Tandis qu'à Oran les Espagnols étaient des auxiliaires dévoués, utiles des propriétaires français, à Constantine les Italiens et les Maltais éprouvaient une certaine répugnance à s'engager comme ouvriers agricoles. Ils préféraient les salaires fixes et assurés des grandes entreprises publiques ou les bénéfices du commerce. Bien plus : au lieu d'aider cette colonisation française, ils l'entravaient, ils la ruinaient. L'usure et la spéculation ne sont pas inconnues des Maltais.

Les causes économiques n'ont-elles pas aussi agi puissamment? Le phylloxéra a envahi le vignoble de Philippeville, il entame celui de Bône et de Constantine, si bien même qu'on a été obligé d'auto-riser l'entrée des vignes américaines autrefois interdites. L'exode des habitants français de cet arrondissement est-il donc plus inex-plicable que celui des Français de la métropole quittant leurs champs dévastés? Ruinés, les colons ont abandonné leurs concessions et sont venus se louer dans les villes. Ce mouvement d'émigration a été accéléré par les découvertes nouvelles de mines qui se multi-plient dans toute la province de Constantine. Plus de 1.000 permis de recherches ont été demandés. Une véritable fièvre s'est emparée d'une partie de la population. Comment n'aurait-elle pas contribué à faire déserter les travaux agricoles?

Mais ce qui est aujourd'hui une cause de dépeuplement peut devenir demain un gage de prospérité sans égale. Qui sait ce que l'avenir réserve à ce département, lorsque l'activité industrielle sera décuplée par l'extraction des phosphates et des minerais de toutes sortes qu'on y a découverts?

IV

ORIGINES DE LA POPULATION ALGÉRIENNE

M. Wahl écrivait en 1882 [1] : « Ce qu'il importe avant tout de considérer, c'est que tous les étrangers ne sont pas des émigrants nouvellement débarqués. En 1872, on en comptait 48.488 nés en Algérie, contre 67.028 nés en Europe ; bientôt la proportion se sera renversée en faveur de l'élément créole. » C'est chose faite depuis le dénombrement de 1896 ; les étrangers nés en Europe, qui étaient encore plus nombreux que ceux nés en Algérie en 1891, ne sont plus que 106.960 contre 111.552. Pour les Français, depuis quelque temps déjà, même fait s'était produit. Il est vraisemblable que ce renversement avait eu lieu en 1886, sans que l'on puisse affirmer d'une manière positive que c'est bien à cette époque, car les statistiques sont fort obscures. Mais, en 1891, la supériorité des Algériens français sur les Français d'origine s'est affirmée, et en 1896 elle se chiffre par une cinquantaine de milliers d'individus.

Cette situation démographique nouvelle semble prouver que des deux sources de peuplement qui ont contribué à l'accroissement de la population algérienne, l'immigration et l'excédent des naissances sur les décès, ce n'est plus l'immigration qui joue le seul rôle actif. La forte natalité algérienne compense et au delà les vides causés par la mort ; au besoin, elle suffirait à assurer le développement de cette population.

La part proportionnelle qui revient à chacun de ces deux facteurs a été calculée par le docteur Ricoux et rendue plus saisissante par un graphique pour la période 1830-1876.

« L'histoire de l'Algérie, dit-il, comprend deux phases : dans la première, l'immigration seule a contribué à l'accroissement de la population ; dans la seconde, les naissances l'emportent sur les décès au point de faire sentir une influence et une influence très sensible sur l'accroissement. »

Sans entrer dans tous les détails dont M. Ricoux a appuyé son opinion, rappelons les plus saillants :

De 1830 à 1855, l'immigration seule a donné un contingent ; non pas que dans toute cette période il n'y ait pas eu beaucoup de naissances, mais le nombre des nouveaux-nés n'égalait pas celui des morts. La colonie aurait été sans cesse en s'anémiant, si un afflux annuel de colons ne lui avait pas apporté un sang nouveau. Jusqu'en 1854, jamais, dans aucune année, la natalité n'a été assez abondante pour compenser la mortalité : toutefois il est juste de reconnaître

---

[1] M. Wahl, *L'Algérie*, in-8°, 1882.

qu'il eût fallu peu de chose pour que l'équilibre entre ces deux colonnes de chiffres fût atteint. Quelques années furent particulièrement désastreuses, comme 1840, 1850, 1852, où, pour une augmentation de 1.000 individus, l'immigration devait amener respectivement 1.223, 1.469, 2.105 nouveaux venus. Fatalement, une situation si précaire pour la colonie, si désavantageuse même qu'elle avait suggéré des prophéties de mauvais augure, devait se modifier lorsque les épidémies de choléra ne séviraient plus avec la même gravité ; lorsque de véritables colons, habitués aux durs travaux de la terre et aux intempéries des saisons algériennes, auraient remplacé les citadins, accoutumés à de tout autres occupations que celles de manier la pioche ou de conduire la charrue et épuisés par le séjour des villes ; quand enfin une majorité de gens mariés, produisant beaucoup d'enfants robustes et vigoureux, se substituerait à l'armée inféconde des célibataires.

La situation commença à changer en 1854, première année de l'histoire d'Algérie où l'on constate un réel avantage en faveur des naissances. Deux autres années suivent pendant lesquelles les décès l'emportent encore, mais les rôles sont définitivement intervertis en 1856. A partir de ce moment, l'excédent des naissances sur les décès entre pour une part de plus en plus grande dans l'augmentation de la population algérienne. A signaler toutefois l'année 1869 où la conjonction de trois calamités, la famine, le typhus et le choléra, exagéra la mortalité à tel point que le nombre des naissances fut trop faible pour réparer ces pertes. Mais l'influence épidémique n'étendit pas son dommage au delà d'une année : preuve manifeste que ce qui était autrefois la règle était devenu alors l'exception. En effet, durant toute cette période, cette année mise à part, même lorsque éclate une insurrection sanglante, même quand la guerre exerce ses ravages, les naissances sont toujours régulièrement supérieures aux décès. La natalité entre pour un appoint, d'ailleurs très variable, dans cette progression, suivant que le mouvement d'immigration s'accélère ou se ralentit. On comprend facilement que, lorsque les colons débarquent en rangs pressés en Algérie et font monter subitement le chiffre de sa population, les excédents de naissances comptent proportionnellement pour peu dans cette subite augmentation ; toutes les fois, au contraire, que la colonie a une force d'attraction moindre par suite soit de troubles intérieurs, soit d'un régime administratif défectueux, elle vit beaucoup plus sur ses propres ressources et elle doit son accroissement à ses naissances. Tel fut le cas pour la période qui s'étendit de 1861 à 1866 ; pour un accroissement de 1.000 habitants, elle en dut 600 à l'immigration et 400 à sa natalité. Bien différents furent les résultats de la période suivante, de 1866 à 1872 ; toujours pour le même accroissement de 1.000 habitants, elle en dut 951 à l'immigration et 49 seulement à sa natalité.

A priori, il était rationnel d'affirmer qu'aux dénombrements suivants, la part qui reviendrait à la seconde progresserait sans cesse tandis que s'affaiblirait celle de la première. M. Ricoux a arrêté ses recherches en 1876 ; à nous de les poursuivre et de vérifier ses déductions. Elles ne se sont pas complètement réalisées, parce que l'Algérie a pris un très rapide essor, se traduisant tous les cinq ans par le recensement de plus de 50.000 Algériens nouveaux. Or, les excédents quinquennaux des naissances sur les décès varient entre 10 et 13.000, ce qui donne une proportion de 1/6 à 1/4 imputable à ces naissances dans l'accroissement global. Pour parler plus clairement, toutes les fois que l'Algérie voit sa population s'accroître de 10 unités, 7 à 8 lui viennent du dehors, 2 à 3 représentent les natifs du pays. Néanmoins, au fur et à mesure que grandira la population algérienne, grossira parallèlement la part contributive de sa natalité. Déjà elle est plus régulière ; plus de ces sauts brusques et inespérés en avant ; plus de ces retours désespérants en arrière. Mieux acclimaté, plus résistant aux forces de destruction et de mort qui l'assaillaient naguère, le peuple algérien forme déjà une individualité ethnique, non plus cette collectivité confuse de races diverses qu'il était à l'origine. Cette individualité puise une partie de ses forces vives en elle-même et transforme en se les assimilant les éléments venus de l'extérieur.

*
* *

Dans l'état des statistiques, il est matériellement impossible de connaître les ascendants de ces Franco-Algériens, et le département d'où sont sortis leurs ancêtres, mais on est mieux renseigné sur l'origine des Français nés dans la métropole.

Le dénombrement de 1896 les classe par départements et la simple lecture de quelques chiffres prouve qu'ils sont surtout originaires du Midi de la France. Pour mesurer mathématiquement cet apport, il ne saurait suffire d'aligner des chiffres qui ne signifient rien. De toute nécessité, il faut les rapporter soit à l'ensemble de la population française immigrée, soit à celle de chaque département d'origine. Les premières moyennes ainsi obtenues seront la notation exacte de la contribution réelle de chaque département métropolitain au peuplement de la colonie ; les secondes mesureront l'intensité de l'émigration vers l'Algérie pour chaque région de la France. Transportées sur deux cartes et nuancées par des différences de couleur, elles rendront visibles ces deux proportions. Or, ces deux

cartes se complètent sans s'opposer, sans se contredire. Naturellement, quelques départements montagneux à population faible(les
Basses-Alpes) n'envoient pas un contingent de colons numérique-
ment égal à celui d'un département plus peuplé (la Seine), bien
que ce faible contingent représente, eu égard à l'effectif minime de
la population, une émigration plus forte. Mais la meilleure preuve
que les causes qui ont amené l'immigration sont des causes profondes, c'est que ces deux cartes ne s'opposent pas dans leurs grandes
lignes et que les contradictions y sont plus apparentes que réelles.

Si l'on met à part la Corse, qui, par sa situation géographique, par
la densité de sa population, par la similitude de son climat et de
ses cultures, et aussi par l'esprit entreprenant de ses habitants,
devait être appelée à avoir une place prépondérante, privilégiée
dans cette immigration, on peut diviser la France en trois régions.

Une première est limitée par une ligne qui partirait de l'extrémité
de la frontière occidentale de la France et de l'Espagne pour aboutir
à Genève ; tous les départements placés au sud de cette ligne ont
une moyenne supérieure à 5 ; quelques-uns atteignent 10 et même
19,9, comme les Pyrénées-Orientales, et tous ceux qui dépendaient
de l'ancien Dauphiné (Drôme, Basses-Alpes, Hautes-Alpes). Un
seul a une proportion inférieure, mais inférieure de très peu à
la proportion-limite : ce sont les Basses-Pyrénées (4,6 au lieu de 5).
Cependant, cette ligne laisse en dehors une province entière, dont
les départements (le fait est curieux et digne d'être noté) ont envoyé
des colonies très prospères en Algérie : c'est la Franche-Comté
avec le Jura, le Doubs et la Haute-Saône.

Une deuxième région est limitée au Sud par cette première ligne,
au Nord par une seconde partant de l'extrémité méridionale de la
Vendée pour couper la frontière belge vers Givet. Elle comprend
tous les départements qui ont donné, pour 1.000 habitants algériens
nés en France, une proportion de 2,5 à 4,9. Elle est beaucoup moins
homogène que la première ; si toute la région sud-ouest du bassin
de la Garonne, la partie nord de celui du Rhône, la partie sud du
bassin parisien, entrent facilement dans cette division, il n'en est pas
de même pour les départements du centre ; il y a là tout un ensemble
de provinces du cœur de la France qui ont participé faiblement à ce
mouvement d'émigration.

Enfin une dernière région se compose de tout le Nord et le Nord-
Ouest. Malgré les tentatives répétées pour attirer dans notre colonie
des marins bretons et normands, ces provinces sont peu représentées
en Algérie ; quant aux riches plaines de la Flandre et à celles du bassin de Paris, elles n'ont, elles aussi, envoyé qu'un contingent des plus
faibles, puisqu'elles n'atteignent qu'une moyenne de 1 à 2,4. Pour
le Finistère, le Pas-de-Calais et le Nord, cette moyenne fléchit

au-dessous de 1 ; elle est respectivement de 0,9 pour le Finistère et le Pas-de-Calais, de 0,8 pour le Nord.

Reste à étudier les causes qui ont influé sur cette inégale contribution des départements français au peuplement de l'Algérie. Elles sont de divers ordres, géographiques, administratives, économiques.

Géographiques d'abord ; il est évident, et il est à peine besoin d'insister sur ce point, que la proximité plus grande des départements méridionaux a facilité à leurs habitants l'émigration en masse vers l'Algérie ; le littoral méditerranéen de la France fait face au littoral méditerranéen de l'Algérie ; les communications, naguère longues et difficiles, deviennent de plus en plus rapides et aisées. Le climat du Roussillon, du Languedoc, de la Provence, du Dauphiné, se rapproche beaucoup, par les chaleurs sèches de son été et la douceur de sa température pendant l'hiver, du climat algérien ; les habitants de ces régions ont moins à redouter les brûlures du soleil africain et la régularité débilitante de sa température hivernale. Des deux côtés de la Méditerranée, on pratique les mêmes cultures surtout arbustives, vigne, olivier, etc.

Administratives ensuite ; il faut se souvenir que c'est la colonisation officielle qui a attiré en Algérie la majorité des Français qui y résident ; or, de même qu'elle a réparti un peu partout en Algérie les colons bénévoles de la métropole, de même elle a accepté toutes les demandes d'où qu'elles vinssent, elle a sollicité même cette émigration dans tous les centres de population, dans toutes les campagnes, et c'est ainsi que tous les départements, les plus éloignés comme les plus proches, les riches comme les pauvres, ont été amenés à prendre leur part dans cette émigration. Au surplus, les fonctionnaires abondent dans la colonie, et je ne sache pas qu'on se préoccupe, avant de les y envoyer, de savoir s'ils sont originaires du Nord ou du Sud de la France. Et ils sont légion ceux qui, le jour de la retraite étant venu, militaires ou civils, s'établissent dans le pays où quelquefois ils ont passé une partie de leur existence, où les retient je ne sais quelle séduction, je ne sais quel charme enchanteur bien connu de ceux qui ont habité l'Algérie..

Économiques enfin ; ce sont les plus actives. Toutes les fois qu'a été expérimentée une culture nouvelle et qu'elle a paru rémunératrice, sitôt la nouvelle lancée et les résultats connus, la colonie a bénéficié d'un afflux d'immigrants, avides de fortune facile. Il est même curieux de remarquer que l'Algérie a profité de toutes les calamités qui se sont abattues sur l'agriculture française et surtout sur le vignoble français. Les vignerons de l'Hérault, du Gard, des Bouches-du-Rhône, des Pyrénées-Orientales, dont les plantations avaient été dévastées, vinrent reconstituer leur vignoble, dans un pays où le terrible insecte n'avait pas fait son apparition et où la vigne donnait des rendements supérieurs à ceux de France.

Dès lors, si nous considérons à nouveau la carte de l'émigration française en Algérie, il apparaîtra clairement ou bien que chacune de ces causes a agi isolément dans certaines régions, ou bien qu'elles ont agi toutes ensemble dans d'autres. Dans le Nord, ce sont les efforts de l'administration qui ont amené cette émigration relativement minime ; dans le Centre, à ces efforts se sont ajoutées des sollicitations économiques ; à peu près tous les départements, où la culture de la vigne était pratiquée, ont envoyé plus d'émigrants que les autres. Enfin, dans le Midi, colonisation officielle, culture de la vigne, proximité de l'Algérie et similitude des climats et des récoltes ont ensemble provoqué ce magnifique mouvement qui a emporté vers l'Algérie une armée de colons provençaux, languedociens et dauphinois.

*
* *

Nous ne possédons aucun renseignement sur l'origine des Espagnols. Sur l'origine des Italiens, nous ne possédons de renseignements certains que pour trois périodes, assez éloignées, il est vrai, les unes des autres pour rendre la comparaison topique, et correspondant de plus à trois phases de l'émigration italienne, modérée en 1877-78, intense en 1884-85, faible en 1890-91.

PROVINCES	1877-78	1884-85	1890-91
Piémont	85	397	70
Ligurie	11	32	8
Lombardie	104	184	64
Vénétie	131	55	26
Emilie	76	350	31
Ombrie	»	»	»
Marche	»	26	»
Toscane	280	232	128
Latium	»	»	1
Abruzzes	1	214	74
Campanie	814	1.185	464
Pouille	»	»	34
Calabre	»	1.947	292
Sicile	276	91	117
Sardaigne	12	76	39

Ces statistiques, quoique insuffisantes, confirment certaines hypothèses et en infirment d'autres. Les provinces du centre et de l'Est de l'Italie, qui, par leur situation géographique sur la mer Adriatique, regardent l'Orient, ont participé moins que les provinces du

Nord, de l'Ouest et du Sud à cette émigration. L'Ombrie, la Marche, la Pouille n'ont envoyé pour ainsi dire aucun colon, ou si peu que leur apport est négligeable ; au contraire, la Toscane, la Campanie, la Calabre occupent les premiers rangs dans ce tableau.

Elles en infirment d'autres ; jusqu'ici, on avait prétendu que les Piémontais, les Sardes, les Napolitains et les Siciliens seuls s'expatriaient en Algérie. Cela serait vrai pour les Piémontais si l'on entend par ce nom désigner non seulement tous les natifs du Piémont, mais tous les Italiens originaires de la grande plaine du Nord ; car toutes ces provinces à population très dense ont régulièrement, à chaque période, envoyé un effectif d'émigrants, la Lombardie comme le Piémont, la Vénétie comme l'Emilie. Au lieu de l'armée qu'on nous signalait venant de Sardaigne et de Sicile, nous ne voyons plus qu'une troupe assez faible. Toutefois, la continuité de l'émigration de ces régions vers l'Algérie prouve l'existence de liens anciens, noués par les familles établies depuis longtemps dans notre colonie et resserrés chaque jour par l'arrivée de quelques colons sardes ou siciliens.

Le groupe le plus compact vient de la populeuse Campanie et de la pauvre Calabre ; pêcheurs napolitains ou campaniens (car les deux mots peuvent être confondus) continuent à envahir nos côtes, mais il ne faut guère les compter pour définitivement acquis à l'Algérie. Quand ils ont fini leur campagne de pêche, ils retournent avec l'argent gagné dans leurs anses napolitaines, pour revenir l'année suivante. Plus sédentaires seraient les Calabrais, mais, d'une année à une autre, leur nombre varie énormément.

Ce sont précisément ces variations, excessives pour la Calabre, très notables pour les autres provinces, c'est aussi la pauvreté de nos renseignements qui nous empêchent de donner à ces conclusions sur l'origine des Italiens d'autre valeur que celle d'indications provisoires. Il nous manque d'ailleurs un dernier élément d'appréciation, que les statistiques italiennes ne nous fournissent pas, qu'elles ne pouvaient pas nous fournir : est-il vrai d'affirmer que la plupart de ces immigrants se sont réellement fixés en Algérie, alors même qu'il serait démontré qu'ils ont abordé dans nos ports? Ne se sont-ils pas déplacés vers la Tunisie ? Seule, une statistique française, poursuivie dans ce but, rendrait facile le contrôle des affirmations italiennes : cette statistique n'existe pas.

Sur les étrangers appartenant à d'autres nationalités, de semblables recherches sont rendues superflues, soit par la faible étendue de leur patrie d'origine (île de Malte), soit par le nombre infime de leurs nationaux algériens.

*
**

Résumons les conclusions auxquelles nous a amenés cette étude démographique des populations européennes de l'Algérie. Les Européens, tant Français qu'étrangers, s'accroissent désormais dans la colonie de plus en plus régulièrement, de plus en plus vite. Mais les résultats apparents du démembrement de 1896 ne doivent pas nous faire illusion et nous faire croire que les Français ont définitivement distancé les étrangers, étant donné surtout la manière dont ces derniers sont répartis et groupés. Pour permettre aux Français de garder leur avance et d'assumer, dans la formation du peuple franco-algérien, la part légitimement propondérante qui leur revient, la colonisation officielle, malgré les défauts qu'on lui reproche à juste titre, a toujours été nécessaire, et le demeure encore à l'heure actuelle.

G. MANDEVILLE et V. DEMONTÈS.

PARIS. — IMPRIMERIE F. LEVÉ, RUE CASSETTE, 17.